Claude Cohen-Boulakia

ECRIRE

Claude Cohen-Boulakia est poète, enseignante et docteur en philosophie. Elle a enseigné la philosophie en classes terminales des lycées, en Préparation à Sciences Politiques et aux Écoles de Commerce, pour la Formation continue à l'Université Pierre Mendès France. Elle a encore animé des séminaires sur Nietzsche et Spinoza à l'Alliance Israélite Universelle.

Elle a publié :

L'utérus du christ, Éditions Galilée, Paris, 1978.
Le Mal ? La Mort, Éditions E.D.K., Paris, 2000.
La Joie d'exister, Éditions E.D.K., Paris, 2000.
Danser la vie, Éditions des Rosiers, Paris, 2013.

Elle a organisé, dans le champ de ses recherches, plusieurs colloques au Centre culturel international de Cerisy-le-Salle qui ont donné lieu à ces publications :
Les Figures du Messie, Éditions In Press, Paris, 1996 (en collaboration avec Shmuel Trigano).

Corps, âme, esprit, Éditions E.D.K., Paris, 1996 (avec Jacques Gorot).

Déterminismes et complexités du physique à l'éthique, autour d'Henri Atlan, Éditions La Découverte, Paris, 2008 (avec Paul Bourgine, David Chavalarias).

Lectures contemporaines de Spinoza, Éditions Presses de l'Université Paris-Sorbonne, 2012 (avec Pierre-François Moreau et Mireille Delbraccio).

La chair et la lettre

Monique Lise Cohen

J'ai rencontré l'écriture de Claude Cohen-Boulakia, il y a longtemps. C'était en 1980, à Paris, Shmuel Trigano m'avait conseillé de lire *L'utérus du christ*. Je venais de quitter la vie politique d'extrême gauche et révolutionnaire, et j'allais vers les études juives. Ce chemin était passé par les mouvements de femmes et un désir intime et impérieux d'écrire. J'avais besoin d'un conseil, d'une impulsion vers cette nouvelle vie. Ce fut le livre de Claude. Ce livre m'a accompagnée dans l'énigme de son titre. Extrême audace pour moi qui sortais du carcan politique et qui allais rencontrer dans l'existence juive un autre interdit, ou plutôt une prudence comme aurait dit Spinoza. Comme l'enseigne Rabbi Nahman de Braslaw : un Juif sait la différence entre ce qui est permis d'écrire et ce que l'on ne peut pas écrire.
Avait-on le droit d'écrire comme Claude Cohen-Boulakia ?
Aujourd'hui, à l'issue de tant d'années d'écriture, j'ai eu le privilège et la joie de rencontrer Claude, grâce à une amie commune, Esther Lévy Barugel. Peut-être est-ce maintenant que j'ai acquis la possibilité de la lire ?
Je lis, et je découvre une écriture d'une incroyable puissance. Nous plongeons, sous ce titre, ECRIRE, dans les arcanes et la matière même du corps humain, sang,

sécrétions, chair, nerfs. Orifices et parties visibles du corps. Intérieur-extérieur.
On entend dans l'écriture de Claude cette équivalence nommée jadis négativement par l'Église entre la chair et la lettre. L'Église s'était définie comme « Israël selon l'esprit », reléguant les Juifs au sort d'Israël « selon la lettre » ou « selon la chair ». Claude inverse ces polarités. À la manière d'une cabaliste éduquée savamment à la lecture du *Sefer Yetsirah*. Nous sommes des lettres. Telle est notre chair.
Alors la plongée dans la physiologie humide du corps fait sauter, comme disait Benny Lévy, le « chassieux de l'esprit ». Nous lisons avec étonnement le livre de Claude comme le livre biblique du Lévitique qui, à la faveur des descriptions du sacrifice/*qorban*, nous fait descendre dans la physiologie humaine. Loin des envolées de l'esprit, c'est ce livre que les petits enfants apprennent à lire en premier.
Pour s'approcher de ce texte étrange, ECRIRE, il faut – un moment – faire taire en nous une hésitation à s'engager sur cette descente éminemment charnelle. Une voix crie en nous : c'est trop ! Une autre voix nous murmure d'aller vers cela, là-bas, où se trouve la source de la vie. À la jointure de la lettre et de la chair.

ECRIRE.
Logie humide portée à deux anses.
Amphore.
 Têtes phores hautes courent.
  Anneaux offerts.

      METAPHORES SANGLANTES où les langues noient
 le BŒUF ALPHABETIQUE.
    Pâture, nomades errants des lettres.
        Chars des lois transportées.
 FOIES ROUGIS Crachés - guerres —
          Sodome blanche croise les hémisphères :
 embryons calcinés.
    La PIERRE inscrit de gauche à droite.
          Mythes symboles allégories
      Gomorrhe chiffre les lettres — noms du sens
  évaluent les mots —.
          Pliés recourbés : doigts crochus font signe.
    Écrire est « couper » « écarter ».

DE GAUCHE .... A DROITE.
ANDROGYNE

Poussés — tirés de berechit — attelés aux tâches
　hommes femmes frappent les mots.
　　　　ARIDES SECS : temps, morts
　　　　　　　Imprimant prépositions adverbes.
　　　　EMPLIR ORIGINE DE LETTRES CASSEES.
　　　　　　　　　ANNULER.
Dents scient odeurs morcelant les sons
« histoire ».

　　　　　　TRACES.
　　　　　　　　Bruits lourds - appâts – bêtes groupées
　feuillets.
　　　　　　　　　　TEXTE criées des –
différentes espèces -.
　　　　　　　　　　　GRONDER DES FAIMS.
　　　　　Cellules enrichies — murmures des lettres –

« poussière informulée »
                         BOUCHE INCRUSTEE DANS LA VIANDE.
                                Langues multipliées muettes.
                                     Inceste sans écriture……………….

Onomatopée grommelée : verbes grumeaux condensés —
 bossus à quatre pattes.
        Accumulées serrées lettres   grattant la terre
GRIFFES GOMMES VENGERESSES   taillant
                              Flairant
                               Brûlant
         Hurlées de l'œil sorti du GOSIER
      GLOUTONNES METONYMIES
                          Fabriques des GUEULES à
visages d'hommes.
            Hémicycles linguistiques clos
Semences de mandragores balbutiant la parole cyclopéenne.
                ŒIL
       ANNELE.
           LANGUE DU RETOUR RETROUVE
DE
EHCUAG   A   ETIORD

        Le cerveau écrit les pieds.

Hydre.
Graphie piquée entre les veines stylets bleus
 tannent les premiers épidermes.
         Canaux d'irrigation montant la couche
molle
 ROSE POUMON.
            Ouate rythmée animal aquatique
          Soifs en volutes ondoient sous la croûte
Le souffle éparpillé de l'ion salin.
           RESPIRATION à deux temps de droite à
gauche
 Manger évacuer de l'eau du feu de la bouche de
l'anus -
signe double miroir sans image -.

            Éponges : trous à oublis
phosphorescents
Rayons cosmiques épellent les quatre éléments
              P O U L S   B L A N C
               SPECTRE   SONORE
Coquillages humectés délaçant l'embryon au
creux des plèvres.

L'édit plonge le feu.
HOH Igné.

    Peaux asséchées regardant la pierre inversent
 le mélange de vie.
            L'EAU SE RETIRE DU FEU.
  Les postes incandescents nouent les métastases
de l'écriture.
            GREFFES DE LA PAROLE.
       La voix se durcit incendiant le col de ganglions.
    LES NON DITS ANALPHABETES EFFACENT
 les corps.
        L'aliment sacré n'a pas été écrit.

   Les lettres gravées sont restées fixes.
  LES MUETTES LEGIFERENT LES EFFRITEMENTS.
          LE SECRET CONSTRUIT APOCALYPSE
         VIE SANS ECRIT
   MORTE RAIDIE DANS LES LETTRES DEFAITES.

À reculons les cellules verbales involuent la chair
   marine.
              Sarcasmes mutilés prolifèrent des poches
  gorgées d'eau.
          S   A R C O M E
   Chairs à crabes tassées de murmures

               COQUILLES cachant le bruit des viscères.
     Incultes décodées lentes parlées se disjoignent.
            Prolifèrent les masses d'eau.
               EXCRETEES HORS DE L'ECRITURE, elles déversent leurs mystères en points d'eau placentaire.
            Cumuls tuméfiés, gonflent les galles
 ganglionnaires.
            En stratèges ignorants les « TUS » assiègent la commande vitale.

AVEUGLES - taupes - elles
déforment le labyrinthe alphabétique.
         Toux crachant la mère et l'enfant.
            INNOMMABLE FŒTUS.

   Superfétatoire :   fœtus agrippé produit grimpant
 voie d'eau solidifiée.
         Mots déliquescents puisés d'organes durcis,
    fictions coagulant les sangs éparpillent la voix
 touffue de cris.
           Souffles « poussés ensemble »
              CAILLOTS VERMEILS

L
E
T
T
R
E
S *ENFONCEES*

        BARRES ORALES DICTANT LES BARRICADES SANGLANTES.

          Coffres de sang geôles de lettres chuintantes des embolies.

        Paroles jetant à travers les artères
 les silences cellulaires.

       Fuites des lèvres, closes serrées, palpitantes, elles terrent les cours « du magma incandescent ».

    Forges hématies – rouillant le fer – de paroles remises.
        FABRIQUES   SAIGNEUSES.
        Hématurie   hémoptysie   hémorroïdes hémorragie
Onomatopées globulaires de rimes brisées crachées
 en un « éclat » de sang.

Torride soif suc muette raclant les cavités de liquides.
 HYDROPISIE
 Dessiccation tératologique.
 Avertissement exsangue - abdomen déversant
 le petit-lait -
 TERREUR GLOBULAIRE
 SUCCION
SEICHE de corps emmurés.
 Glandes mammaires aphasiques nouant laçant
 les sèves labiales.
 Tapies inodores les pointes turgescentes exsudent
 « la tubulaire » de sérosités.
 Pompées de silences les canaux déversent
 des « POCHES D'EGOUT »
 Artifices anaux rénaux……………
 Les mots sont - plaques incultes - ré ingurgités.

          Les circuits encadrés exposent la
langue
 morte des privés de la bouche.
              LA PROTHESE CLOT LES
ORIFICES.

Mots fourchus déviant le liquide amniotique du verbe
Rose du souffle.
   Corne : dix doigts évidés de la matrice
     Forme captive nuit utérine sonnant le premier
Vagissement.
      Langue retenue répétant la demeure
Des arcanes.
    ARCS COURBES de la naissance
     Nourriture de la peur du silence
      Organes à écailles des premiers chasseurs.
   Chants marins des tribus de la hache
   Signes de hachures « ZEBRES SONORES »
 Pâtes de couleur
    Joie de l'écriture placentaire
    Liane des vivants
     Paroles
« obligeant » les cordons

Dans la sève de la L O I
   Carrefour de la voix l'influx de la lettre tresse le plexus
   De paroles de la genèse.
        Plis replis verbaux le corps embrouille les textes
   De la chair : séjour de la bouche archaïque.
          Rencontres duelles piquées d'effroi – cris insonores
   Échos de ventre anonyme -.
        Les fils pressent les messages, défaisant le
          R I T U E L.
       Capsules exclues ruminantes les lettres égarées
   Balbutiant les entrailles figées.
         Retenir la parole, la biffer creuse la nervure
   De crampons – gestes recourbés de l'appréhension –
   Reprises de l'animal.
        Sans voix les axes occultés précipitent

Leurs marches illettrées.
          Tordu, enchevêtré le plexus solaire
clame la voix
     d'eau désertée.

            VERBE BRULE DECHIQUETE.

L'ordre alimentaire coupe dans le vif l'animal………….
   La loi cicatrise les césures – charbon miel
 Baignent « la blessure » de la terre sucrée.
   La surface marque la peau de raies initiatiques.
    Irriguée de signes la chair de l'homme affirme
  L'écriture - loin de la mort - .
   LA   CHASSE   ENFANTE LA MAIN VERS
       L'ECRIT.

 Langue ………….
    Porteuse de loi « vie » la main incise la chair de
 Rites - exciser circoncire -.
   L'écart à la mort indique la désinence de la génération.
 Les   « génitaux »   légifèrent : le sang   allié à la terre
 Oublie la faim rassasiée.

Le meurtre de l'animal porte

L' E C R I T U R E.

Anatomie éparpillée hors texte – plates figures disséquées
        Psychè   orbite
        C A D A V R E
        Gravures de morceaux grillés, bouillis
              Moelle sucée, les bouches
  ne disent pas _
      grasses, la lèvre passe la chair endophage.
      VOUTE PALATINE rassasiée de mets
                      Panse triant les vocables
  Du discours inscrit.
      Cannibale secrète une manducation religieuse.
    D E N T S D'EC OUTE PALPANT
        LES BRUITS
  E N FORME
            D'ETERNITE.
    Sucs blottis.
        Panier du verbe

                                                Plongée
de la ***main***
   Recueillie d'écriture.

La flèche sortie de l'arc piste la bête sémantique
      PENIS DE SEMENCE
    Chargé d'animaux –
véhémence tribale –
La chasse portée à l'autel de la bouche enseigne
La première langue.
      Femme « achée »
tisse le panier
Sève végétale.
     METS DE LA STRUCTURE DOUBLE

  MOUILLEE.

Le liquide du couple décuple flèches et paniers.
    L'arc bandé assure la mort du
Simulacre.
  LE HASARD ALIMENTAIRE BOUT DANS LA MARMITE.

Les morceaux cuits et revenus
Acclament
LA T R A D I T I O N passer au-delà.

Le sacrifice tombe les formes celées : eaux rouges
Ramassées.
    MANUSCRITS SACRES posés.
 Os désinence – porte anale - recouvrant les
Sables.
   Etres cellulaires mises en tas.
    Capitales solaires poétesses de sang
 Rate foie cœur parcourent les spirales électroniques
    SIGNES   CHAINES
     Pactes productifs.
    Couches éclaboussées volcans transmis répétés
   De silence.
    Gestes du meurtre les viscères déversent des
Gouffres de paroles - cris chants - les narines enflent
La panse.

                        Bouches   englouties les masses
forment
Les oracles.

Puits d'échos rassemblant l'écoute de la chair
Couverte d'elle-même.
    Les dents forcent l'ouverture - rire éclaté –
    Découpes fœtales voraces secrètent l'obéissance
Shaman   Haham.
     Nuit marine posée sur la bête MORTE les
 Sorciers interrogent le mana fluidifié de sang.
    Les viandes ruissellent d'alliances nouvelles
Tramant l'artère orale.
     ROUGE la langue cicatrise les blessures
       O R I F I C E N A I S S A N T.
Comble d' A M E S   sans   b o u c h e.
    Présentes avant l'espèce tues d'elle, elles
Défont les premiers mots.

  SOUFFLES D'AIR elles enflent sous la peau
  Des tentacules « FIGEES − lettres crispées raidies »
    Rodant la parole, elles incisent la vie
  De râles morts de la B E T E.

Larves   baillant les maux de gorge.
    H I A T U S
Voyelles   ouvertes « serres labourant la terre de
 Phagocytes » collent - brûlures - l'embryon
Ébauché.
   Calleuses les eaux verbales tapissent

CALCAIRES
Les angines.
   Cordes suspendues de   pro dé ferrés

CREMATOIRES
Vases de mots ruminant le   GROUIN PALE DES
EXCREMENTS
       Tourbes fécales – lignes segmentaires –
Polypeptides   polis rectilignes évidés de signes
Aminés.
      Écorce granuleuse clopinant précipitée

Les signaux – clapotis   G P R K KQ QK GJ GCH

                          TTCHE   CHEUT   DGE   DJE

---   JJJEU   JJE

          JE   mandibule   GRR

Amasse « dentelure pétrisseuse empilant au fourrage »

    D es vivres   ébréchés DÉCORTIQUÉS

Corps texte perce-pied suivant à rebours les traces

De la bête aphasique.

    INEFFABLE CONTRE-PIED   échevelée l'ondée corticale

Fourrage les mets lacés hors   parole.

    Désirs frits croustillants   croupis bousculant la

Langue de   sommeils.

  COMAS de la verbale voilée la bouche à demi
Ouverte fente paupière tôt aveugle aspire l'eau pétrifiée.
  GESTATION DEPORTEE DE L'HOMME A L'ANIMAL
Verdi de végétal.
    Corps désinence ZERO
    Encéphalogramme plat ne propage plus
MORT pas terminé.
  L'ORDRE rectal rectifie le tracé alimentaire.
  Retenues les ouvertes fracassées incarcèrent
Les mots « mets mutants ».
   MANGER SANS PARLER

Code ruisselant de pluies les lèvres verseuses
Élisent les cratères bouclés de feu.
    Tamis sonores inclinées les lisantes bues à
La mer roulent en mots les galets.
       Vestibules éclos coques portées d'eau
Tentes digitales mugissent les laves.
  Lues aux roches ignées les glaces annelées
Dépouillent leurs plis – murmures rugueuses bruissantes
Les gels cellulaires rampent les écailles.
     Serpentes les écoutes tendues signes auriculaires
« NUITS APHONES » aubes dorsales guettent…………..
       Cavité agglomérée : butins chasse pêche.
         Panse dansée limon de lumière
Boyaux débrouillés.

Fouilles nourries, portes humides
Aires - alimentaires -.
RESERVE crue cuite résonne rassasiée.

Table   testament.
　　　　Distribuée, digérée les masses multiplient les
　　　Mets.
　　　　Pétries de sucs revenues
« terriennes »
　 Les nourritures défaites compilées en tas cumulent le rythme
Duel.
　　　　CELLULES　　　ACCAPAREUSES.
　　　　　　FONCTIONNENT
PRODUISENT.
　　　　POTLACH DES LIANTS.
　　　　　CELLULES　　ATTRIBUTIVES.
Croisées absorbent   résorbent.
　　La bouche INGURGITE LES PRECIPITES
ANAUX
　　L'axe inscrit deux textes.
　　　 Mêlées grise blanche substances agglutinent moelleuses
　　　　　Les « RICHES » évoluantes.
　　　　 Bouches　 gavées　 recluses marchent

    Boiteuses.
       Brouilles génétiques à deux faces,
  L'alphabet tâte la CONSONNE.

Utricule boursoufflant une pâtée imperceptible
Le « NASEAU » soubresaut de palmes effleurent
Les pas roulés.
 Ouragan harpon : œsophage les brasses de mousse
Saline.
      CALQUE MINERAL.
         Sol bruité halète les traits IGNES.
Glues de foudre cristallisant la glotte membrane
Olfactive le crissement linguistique moule les papilles
De gutturales galopantes.

     Catabolisme cosmique la mer vagit les cénacles murés
De gutturales.
     STATUE VOTIVE à deux rondes : la génuflexion
Orale ploie les « solidifiées » recueil de lettres givrées.

HEMISPHERE NORD SUPERPOSE HEMISPHERE SUD
LES ELEMENTS SIFFLENT LA STRUCTURE DE LA
                          GENESE.

Le cri redresse le   fauve montrant la chaîne
Houle d'ères   grossies de savoir.
   Tenues d'air, roulées de plages sonores
        Les « P H A L A N G E S »
                               Décryptent.

Médius - un de quatre écartille l'écume.
 Le mésentère croit LE DOIGT DU MILIEU.
	Infini : BENEDICTION
Bout à bout lèvres digitales naissent les accords
Succulents « tige coulant les ponctuels ».
   Saccades de besaces lourdes bosses
    - HOMMES   CHAMEAUX - arrêts bleus.
       U- NIDS de nuits mères, les intestins
Gravent de points l'aorte nomade.
   Quatre					Quatre
		BOUCHE TETE
    Déluge				ba-bêle
 Grappes			Huit armes préhensiles

```
                              M
             Koohrrh  /   face A Face  /   Berr
ahheu
                     feu      R   feu
                              C
                              H
                              E
             Tégument      p  r  o      toit.
```

Bonds corps jetés dans l'espace conspirent les
Chutes - langue cadence - .
    La f a i m pique la langue de pièges : sinus
Tète le sein stérile.
        La ponctuation guette sa proie.
Graphie constipée colle alimentaire bouchant l'anus.
      Compacte la fluente contrite reprend
Souffle.
      La petite verge fait virgule.
    L'énergie s'égrène terrain territoire.
      La sèche lape la terre.
        SYMETRIE MARCHE DYADE.
Signal dis bis
      LA GOULE BELLICISTE CROASSE.
Gouttes sangles transpirant le livre
      Deutéronome ceint.
    Trappe duelle traquant la voix.

Timbre mitral agrafant les sérails le TYMPAN
  CLAQUE.
     Pédoncule à trois portes les « batteuses »
Tapotent les anfractuosités.
     La tricuspide imprime l'écho habité.
En crête le gland nouvelle l'aspiration - tambour
D'onomatopées écroulées.
     La cage effile les feux …………..
INCANDESCENCE DEVINEE le fuseau thoracique
Imbibe les mailles « FILETS D'AIR BRULANT »
Essuyant la bourrasque.
     Les canaux affèrent le bec de tourbillons.
   Les toupies cardiaques haussent le CORPS
          PAUME à lettre
   Géologue le derme typographie.
       Faisceau propagé danse modèle.

Versets creux les oreilles coulent la poudre
Tissée de voyelles.

Aqueduc filtrant le grand œuvre rouge rose
          TOMES DECOUPES VOLCANIQUES
Iles de l'oubli masses tenant les sangs unis, l'argile
Houle immuable les amas bégayent la vivante.
    Pousses de volumes orgues affamés terrées
  Sous la peau le gel incandescent éclabousse la
F o n c t i o n.
     Répétant la saillie la pâtée happe les errances.
       Quittes astrales les portées de lave Labourent la mêlée.
         Distribuées - QUARTIERS DE CHAIR-
L'ORGANON véhicule les désinentes.
      Tâches de feu vigiles la viscère se reflète
UNICELLULAIRE
    Plurielle le tissu déclame son signe

Organes chiffrés légalité embryonnaire
coupes de
Flux les morcelées digèrent l'unicité.

Coquille de charbon, la tourbe - lames courues de
   Sel- retient le minerai COTES aspirant la rime des abysses
      VERTICALE DECOUVRANT la manne.

Eaux tombées de lettres déroulées autour
....
         VOUTE retournant à la terre clignements
Courbes.
            Césures glauques les hémisphères résonnent
Les touffes calcaires.
Sautes   bouillonnantes de palmes
Les manuscrits enroulés agrippent la liane.
              Filets macérant la mine les gîtes cérébrales
Mâchonnent « les braises de terre molle ».
         Éruption répétée, serres aux paroles nouées

LE CIRQUE BLANC COAGULE
- double occlusion —.

Sémaphore terrienne gravée de scissures tribales
 Aires à legs - foreuses de mets branches de mots –
  Tarde l'éternité.
    Lacs ris de l'arche la langue eau de roche
   Palpite   le plasma proche joue ses globules.
      Tresse végétale la pachyderme effile les
   Dépôts striés   -   NOIX DE L'ANCESTRE - .
     Orient exhaussant la symétrie le pédoncule
   Façonne la « figure ».
      Taillée de dos la substance versifie le rythme
De l'air.
     Plongées de sillons les retournés inscrivent les
  Versets.

                    Vésicules de totem la
trame archaïque
Loge les scissures.
                    Versets……………..
           Flairs portées de sang la
langue remâche
La mort asséchée.

Manie   orale, elle s'acharne glissante de rigoles.

        Appuyées   écorces le reptile contourne les
Lobes.

La bouche   mastique   des   lettres
« rongeuses ».

        Cataracte de sang   la chair goûte la
Parole - corps jetés - .

        Matrice   buccale   UTERUS construit-le
Cercueil.

        Le mot   grogne.

        Le code sépulture hélicoïde répétant

    La loi vidée, l'ondée verbale lance pêle-mêle
Le rituel.

Chorée ouvrant le soleil crâne remis -
vestales –
        Epluchant l'héritage
        HERISSON   DE MER
        Coiffes   lapidaires.
                        Semelles
        frottant la tempe
        Craque   les   hasards.
                Électrons rodent -
tentacules d'os
        Moelles   assourdies.
                    Derviches   pris.
                    Granules
        soufflées.

Hâtées d'ordres   les cordes ajustent   les boyaux.
   La bouillie orale distribue - crue- la fibre.
      Trames.
   Suspendues divisées   LA   BETE hébergée
Veille.
         La geste de la flèche balance…………..
      Le sommeil fouille le minerai.
         L'homme   rampe le ver.

   Les   parlantes délient.
         LE   BŒUF   IMMOLE   LA LANGUE.

L'aliment   retourne.
      Terrant   écrit.

Stèle.
   Les cristaux - souris arctiques
gèlent………
   Musculature moulages feuilletant la hâte.
             TENTATION
       (Tendons brassant les pelletées
surnuméraires)
             Territoires resserrés – isthmes
drus
       FIBRES APPUYANTES - plantes
tapotées
             « Marelles d'osselets ».
   Hyménoptères sciant la claie
lombaire
             Treilles nocturnes fils
incrustés
          Labourages
     Dos assaillis – sertis en séries
             Ramettes
recroquevillées.

Volets — places assiégées courus DEJA
    Marmites closes cases jaunes
      Cirque couché
    Nattes mangeuses
      PATTES o s c i l l a n t e s
   Couvercles hallucinés
      Déluges feutrés
          Naces
brodées
    JUMELLES   cellules prévenues
   Vaisseaux évasés
    NAUFRAGES
    « grammaires labiales
gloussant des poids »
         Cerceaux
remous
          COLLES
       BOULE
ANONYME.

       Plume colportant trinité chiffre la race
              Ruches de rosées
exposent
     Iris – piques d'écoutes éclairs de
saillies
         ENTRE FILET   dégorgeant
             Cristalline la chevauchée
se
     Fendille   huttes décalquées
        La mandibule croque du
troupeau
        Le   PÈRE rugit d'essaims………………
       Brassées de signaux
                La luette
frétille
     La petite grappe égrène
         Numération
            La MAJUSCULE
se met en

Transe
    MASCARADE   l'ombelle butine

      Joutes d'eaux lourdes

scellent

      La bulbeuse

L̴ᴇᴍᴍᴇs
    Orante natives
     CIL plage vacillante
    Sept balance
HUCHE
  Galette ouïe

SEL verte penchée d'aube
  Tempe ailée
 Lisse digitale
   Homonyme chauve
    Enlisant l'identité.

*Avec mes remerciements
à Pierre Léoutre
et Monique Lise Cohen
qui ont amené ce livre au jour*

Claude Cohen-Boulakia

Direction d'ouvrage :
Association « Dialoguer en poésie »
15 rue de Sardac 32700 Lectoure

http:// pierre.leoutre.free.fr/dialoguerenpoesie

et avec le soutien de l'Association « Le 122 »
15 rue Jules de Sardac 32700 Lectoure

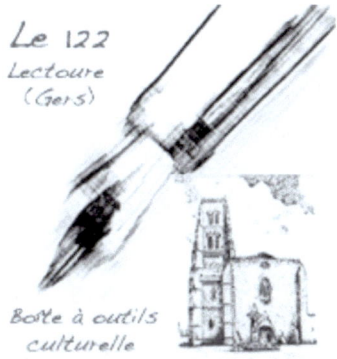

http//pierre.leoutre.free.fr

Editeur
Books on Demand
12/14 rond-point des Champs Elysées
75008 Paris, France

Impression :
Books on Demand GmbH, Norderstedt,
Allemagne

ISBN : 9782810626724

Dépôt légal : janvier 2016

www.bod.fr